Das Lernkonzept "blended learning" und Umsetzung am Beispiel des Themenfeldes "gesunde Ernährung"

GRIN ☺

Bibliografische Information der Deutschen Nationalbibliothek:

Die Deutsche Nationalbibliothek verzeichnet diese Publikation in der Deutschen Nationalbibliografie; detaillierte bibliografische Daten sind im Internet über http://dnb.d-nb.de abrufbar.

ISBN: 9783346895622
Dieses Buch ist auch als E-Book erhältlich.

Druck und Bindung: Books on Demand GmbH, Norderstedt Germany
Gedruckt auf säurefreiem Papier aus verantwortungsvollen Quellen

Das vorliegende Werk wurde sorgfältig erarbeitet. Dennoch übernehmen Autoren und Verlag für die Richtigkeit von Angaben, Hinweisen, Links und Ratschlägen sowie eventuelle Druckfehler keine Haftung.

Das Buch bei GRIN: https://www.grin.com/document/1359399

Technische Universität Carolo-Wilhelmina zu Braunschweig

Projektbericht

Gesunde Ernährung als

Blended Learning Einheit

Modul: Pädagogisches Handeln

Seminar: Blended Learning

Semester: Wintersemester 2022/23

Abgabetermin: 31.03.2023

Studiengang: 2-Fächer-Bachelor, Erstfach: Mathematik u.i.V., Zweitfach: Germanistik

Fachsemester: 5

Inhaltsverzeichnis

Einleitung

Die Welt befindet sich in einem ständigen Wandel. Alles wird moderner, jeder besitzt Handys, Laptops und Computer und wird damit sozusagen omnipräsent. Es ist möglich wann man will, wie man will und wo man will, mit anderen zu kommunizieren, die neusten Informationen zu erhalten oder etwas zu teilen. Daher ist es wichtig, dass sich wichtige Institutionen wie Schulen und Universitäten diesem Zeitalter anpassen. Es ist wichtig sich von dem althergebrachten Frontalunterricht zu lösen und vor allem durch die moderne Zeit eine passende Adaption zu finden. Eine solche Adaptionsmöglichkeit bietet das Konzept von Blended Learning Unterricht. Blended Learning ist ein Unterrichtskonzept, welches den altbewährten Unterricht mit digitalen Lerneinheiten kombiniert. Dabei findet ein ständiger Wechsel zwischen bekannten Unterricht und Online-Lerneinheiten statt. Dieses Konzept kombiniert somit optimal die Vorteile beider Lernkonzepte miteinander, um für die Schülerinnen und Schüler eine optimale Lernumgebung zu erzielen und eine höhere Chance auf einen Lernerfolg zu sichern. Das Konzept von Blended Learning lässt sich auf viele Themen anwenden, besonders gut eignet es sich, um Themen zu vermitteln, die in der aktuellen Zeit eine Rolle spielen und somit einen Anteil am gesellschaftlichen Wandel haben. Eines dieser Themen ist gesunde Ernährung. Blended Learning bietet Schülerinnen, Schülern, Studentinnen und Studenten die Möglichkeit durch eine Mischung aus Präsenzlehre und verschiedenen Onlineseminaren ihr grundlegendes Wissen über gesunde Ernährung zu erweitern. Dabei bietet sich dieses Thema besonderes gut an, da in den Onlineeinheiten zum Beispiel Rezepte oder Kochkurse integriert werden können. Aufgrund der Wichtigkeit von modernen Lernkonzepten in Verbindung zu aktuellen Themen wird diese Hausarbeit untersuchen, wie Blended Learning in Bezug auf gesunde Ernährung konzipiert, umgesetzt und evaluiert werden kann und welche Vor- und Nachteile sowie Herausforderungen damit einhergehen.

Eignung des Themas für Blended Learning

Das Thema gesunde Ernährung eignet sich auf vielen verschiedenen Ebenen für ein Blended Learning Konzept. Eine Ebene ist dabei die Allgegenwärtigkeit von Ernährung. Egal ob morgens, mittags, abends oder nachts, Menschen benötigen eine gute und ausgewogene Ernährung, um gesund und energiegeladen durch den Alltag zu kommen. Weiterhin wirkt sich eine gesunde Ernährung auch auf das Wohlbefinden des jeweiligen Individuums auf. Nicht nur aufgrund der eben benannten Eigenschaften von gesunder Ernährung ist diese vor allem für junge Menschen, im heranwachsenden Alter, wichtig, sondern auch da gesunde Ernährung ein Faktor in der sozialen Selbstfindung eine Rolle spielen kann. Eine weitere Ebene, auf der sich gesunde Ernährung für das Thema Blended Learning eignet, ist der Inhalt des Themas. Das Thema ist sehr vielfältig und kann somit abwechslungsreich gestaltet werden. Was manche Schülerinnen und Schüler als 'denselben langweiligen Stoff wie beim letzten Mal' betiteln kann durch Blended Learning bei gesunder Ernährung differenziert dargestellt werden. Es kann die Ernährungspyramide in allen Stufen eingebaut und analysiert werden oder regionale und saisonale Ernährung besprochen werden. Bezüglich der Vielfalt gibt es nicht nur bezüglich des Inhalts eine große Auswahl an Möglichkeiten, sondern auch im Bereich der Vermittlungsmedien ist diese Vielfalt präsent. Heutzutage gibt es viele Bücher, auf die jeder Online zugreifen kann, die sich mit Ernährung beschäftigen oder Apps, mit denen man Zugriff auf gesunde Rezepte, Kochbücher und Nährwertangeben hat. Somit bietet sich das Blended Learning Konzept perfekt für die Vermittlung von gesunder Ernährung an, da der Ersteller einer Blended Learning Einheit anstatt auf stumpfe wissenschaftliche Literatur auf die soeben genannten modernen und bestmöglichen Mittel greift. Genau das beschreiben schon Oliver und Trigwell indem sie sagen:

„...the idea behind blended learning is that instructional designers review a learning program, chunk it into modules, and determine the best medium to deliver those modules to the learner." (Oliver, Trigwell, 2005, S. 18)

Schülerinnen und Schülern wird durch die Onlinelehre mehr Freiheit gegeben sich in der Aneignung der Inhalte und vor allem in der Auslebung der Praxis von gesunder Ernährung zu entfalten. Diese, durch das Blended Learning Konzept gegebene Freiheit ist besonders wichtig, da Ernährung eine Aktivität ist, die hauptsächlich nicht in der Schule liegt. Zusammenfassend gesagt ist die Eignung des Blended Learning Konzeptes für das Thema der gesunden Ernährung sehr hoch. Diese hohe Eignung entsteht vor allem dadurch, dass Blended Learning die Ebenen des Individuums und des sozialen Aspektes mit der Ebene der Tiefe und Breite des Stoffes und der Vermittlung kombiniert und somit eine perfekte Grundlage bietet.

Ziele und Ausgangssituation

Dieses Projekt soll versuchen, ein gutes Bewusstsein und Kompetenzen bei Schülerinnen und Schülern für das Gesamtkonzept von gesunder Ernährung zu fördern. Dazu gehören viele verschieden Aspekte. Dabei stehen zwei Ziele mit hoher Wichtigkeit im Vordergrund. Das erste Ziel betrifft den reinen Gesundheitsfaktor des Essens. Vahlensieck schrieb zu diesem:

„Eine ausgewogene Ernährung ist die beste Maßnahme zur Erhaltung von Gesundheit und Wohlbefinden." (Vahlensieck, 2008, S.51)

Dieses Zitat beschreibt perfekt wie wichtig eine gesunde Ernährung für jeden einzelnen sein kann und somit wie wichtig es ist, dieses Thema zu vermitteln. Dabei soll aber nicht stumpf auf Vitamine und Kalorienangaben eingegangen werden, sondern die Schülerinnen und Schüler sollen Kompetenzen für sich selbst zur Organisation und Durchführung einer gesunden Ernährung in ihrem Alltag entwickeln. Mit dem zweiten großen Ziel soll gesunde Ernährung in Verbindung mit der Umwelt dargestellt werden. Hierbei sollen die Schülerinnen und Schüler ein Bewusstsein für den biologischen Fußabdruck vieler Lebensmittel entwickeln und erkennen und auswählen können, welche Lebensmittel wann geeignet sind, sodass jeder trotz gesunder Ernährung einen Beitrag zum Klimawandel leisten kann (Vgl. Schader, 2015, S.152) Mit diesen Zielen für unsere Blended Learning Einheit zum Thema gesunde Ernährung gibt es viele Voraussetzungen, die beachtet werden müssen um ein solches Projekt auf die Beine stellen zu können. Zuerst stellte sich die Frage, welche spezifischen Inhalte in der Einheit zur gesunden Ernährung eingebaut werden sollen. Um dem Blended Learning Konzept einen guten Umfang zu geben, fiel die Wahl auf drei größere Themenblöcke, die in der Einheit bearbeitet werden sollten. Dabei wurde darauf geachtet, dass durch die Themenblöcke ein umfassendes Verständnis für gesunde Ernährung geschaffen wird und die Ziele erfüllt werden. Daher beinhaltet ein Themenblock die Trinkgewohnheiten jedes einzelnen Teilnehmers und jeder einzelnen Teilnehmerin. Dies stellt zum einen Bezug zur Lebenswelt der Schülerinnen und Schüler dar, da auch das Trinken ein wichtiger Faktor bezüglich gesunder Ernährung ist und zum anderen können diese durch das Trinktagebuch ihren Trinkzyklus überwachen und gegebenenfalls optimieren. Der zweite große Block vermittelt Grundlagen über gesunde Ernährung, indem dieser sich mit der Ernährungspyramide beschäftigt. Dabei soll vor allem auf die Wertigkeit einzelner Lebensmittel in Bezug zu der ihnen zugeordneten Stufe besprochen werden und somit ein Urteil über ungesunde und gesunde Ernährung gezogen werden. Der letzte Themenblock ist spezifischer ausgerichtet und soll regionale und saisonale Ernährung analysieren. Hierbei soll vor allem ein Verständnis für möglicher gesunder Ernährung trotz omnipräsenter Themen wie dem Klimawandel geschaffen und gefördert werden. Mit diesem gesetzten Inhalt ist Projekt für einen Zeitraum von circa 5 Wochen ausgelegt und soll in einer 5. Klassestufe eines Gymnasiums oder einer Gesamtschule stattfinden. Dabei sollen die teilnehmenden Schülerinnen und Schüler jedoch in den Onlinephasen mit ihren Eltern oder anderen erwachsenen Personen zusammenarbeiten, um einen Erfolg und einen sicheren Umgang bei Praxisprojekten zu gewährleisten. Die leitende Person des Projektes soll dabei nicht als Lehrperson fungieren, sondern eher die Rolle eines Coaches/Mentors einnehmen, da die Schülerinnen und Schüler vieles in Eigenarbeit leisten sollen. Dabei ist es wichtig, dass die Schülerinnen und Schüler immer ein Gefühl haben, dass jemand ihnen zur Seite steht, wenn sie Hilfe benötigen, jedoch auch alleine arbeiten können. Kuhlmann und Sautner beschreiben hierbei die Rolle des Mentors so: „...der aktiv zuhört, beobachtet, Feedback gibt, berät und flankiert." (Vgl. Kuhlmann Sauter, 2008, S. 49). Man kann sagen, dass in einer solchen Einheit der Mentor die Brücke zwischen Online- und Präsenzveranstaltung bildet. Die Durchführung der Blended Learning Einheit beinhaltet einen Wechsel aus jeweils zwei Wochen asynchroner Sitzungen, in denen die Teilnehmenden Inhalte in Einzelarbeit erarbeiten sollen und einer zweistündigen Präsenzsitzung, in der in Gruppen oder Paaren gearbeitet und präsentiert wird. Diese Kombination findet zwei Mal statt und wird zusätzlich mit einem Kickoff und Abschluss ergänzt. Durch diesen Wechsel von Eigenarbeit und Selbstüberprüfung durch Gruppenarbeit und Präsentation wird den Schülerinnen und Schülern nicht nur mehr Freiheit und Motivation durch den Eigenanteil gegeben, sondern auch die Rolle des Mentors/Coaches wird dadurch gewahrt. Als letzte wesentliche Rahmenbedingung sind die Vermittlungsmedien zu nennen. Dabei werden hauptsächlich Lernvideos und Moodel in diesem Blended-Learning Konzept eingesetzt. Die Lernvideos bieten ein verlässliches Mittel zur Überlieferung von Wissen und Informationen, während Moodel eine effiziente Plattform ist, über die die Schülerinnen und Schüler Aufgaben bearbeiten können und gleich Feedback durch das System oder den Mentor/Coach erhalten können.

Mit all diesen Rahmenbedingungen lassen sich Aspekte verschiedener Lerntheorien wiederfinden. Zum einen gibt es Aspekte des Konstruktivismus, zu denen Kuhlmann und Sauter das Lernen als aktiven, situativen, emotionalen, sozialen und

4

selbstorganisierten Prozess zählen (Vgl. Kuhlmann und Sauter, 2008, S. 46,47), welcher hier durch das Blended Learning Konzept und den Ablauf der Einheit gegeben ist und als weiterer Aspekt ist der Lehrende der die Einheit als Coach begleitet zu nennen (Vgl. Kuhlmann und Sauter, 2008, S. 46,47). Zum anderen lassen sich Aspekte des Konnektivismus in der Einheit wiederfinden. Aspekte wie der Fokus auf Kompetenzaufbau, eine offene Lernumgebung und Wissen als Allgemeingut ordnen Kuhlmann und Sauter dem Konnektivismus zu (Vgl. Kuhlmann und Sauter, 2008, S. 48,49). Diese Aspekte lassen sich durch die unterschiedlichen Sozialformen in der Einheit oder dem Fokus auf der Bildung von Kompetenzen zur gesunden Ernährung ausfindig machen. Somit ist diese Art der Blended Learning Einheit nicht klar zuzuordnen und kann mit beiden Lerntheorien erklärt werden.

Blended Learning Einheit

Kickoff

Zu Beginn startet die komplette Blended Learning Einheit mit dem sogenannten Kickoff in Präsenz. Dies ist wichtig, da sich die einzelnen Teilnehmer*innen nicht unbedingt kennen aufgrund dessen, dass sie zu unterschiedlichen Parallelklassen gehören können. Um dieses Problem zu lösen wird mit einer Begrüßung und einem Kennlernspiel, bei dem jeder die Chance bekommt etwas zu seiner Person zu sagen, gestartet. Nach dem Kennlernspiel haben die Schülerinnen und Schüler die Chance Erwartungen und Befürchtungen an die Lehrperson zu richten, sodass diese darauf direkt reagieren kann. Sind alle Anliegen aufgenommen, geht die Lehrperson über in die Vorstellung des Projektablaufes. Hierbei soll jeder Abschnitt der Blended Learning einmal kurz angesprochen und mit allen nötigen Informationen klargestellt werden. Dies soll vor allem Klarheit schaffen und die Einstellungen jedes Einzelnen positiv beeinflussen, wie es schon Borgert in ihrer Arbeit betont (Vgl. Borgert, 2012, S. 55). Nach der Vorstellung des Ablaufes stellt die die Lehrperson den ersten Arbeitsauftrag der Teilnehmenden vor. Hierbei werden das erste Mal die Trinkgewohnheiten angesprochen werden. Die Schülerinnen und Schüler sollen in Partnerarbeit den Zuckergehalt in der Maßeinheit „Zuckerwürfel" bestimmter Alltagsgetränke (Cola, Capri Sonne, Apfelsaft, …) schätzen und notieren. Dies soll dazu dienen, dass die Teilnehmenden einen ersten Lebensweltbezug erhalten und ein Gefühl dafür bekommen, wie ungesund manche Getränke sein können. Sobald der Arbeitsauftrag gestellt wurde, wechselt die

Lehrperson von der Lehrerrolle in die Rolle des Coaches/Mentors und steht den Schülerinnen und Schülern nur noch zur Seite. Nach der Partnerarbeit liest jeder für sich einen wissenschaftlichen Text bezüglich des Flüssigkeitbedarfs eines Kindes und markiert die wichtigsten Stellen. Um diese beiden Aufträge abzuschließen, folgt eine Plenumsdiskussion zur Ergebnissicherung, in der die Ergebnisse kurz besprochen werden und anschließend die Frage an alle gestellt wird, wie das Wasser trinken in der Schule attraktiver gestaltet werden kann. Nach Abschluss der Plenumsdiskussion erhalten die Schülerinnen und Schüler die Arbeitsaufträge für die erste zweiwöchige Selbstlernphase. Dazu sollen sie schließlich Gruppen aus vier Personen bilden, da in der Selbstlernphase unter anderem auch Gruppenaufgaben stattfinden. Zuletzt gibt der Mentor/Coach den Teilnehmenden das Trinktagebuch mit auf den Weg. Hier soll täglich die Menge und Art der Flüssigkeit eingetragen werden, die die Teilnehmenden während des Projektes zu sich nehmen, um am Ende eine Selbstreflexion mit den gewonnenen Kenntnissen vorzunehmen. Wie der Kickoff soeben im Text erklärt wurde, empfehlen es auch Erpenbeck und Sauter (Vgl. Erpenbeck und Sauter, E-Learning und Blended-Learning, 2015, S. 31). Hierbei beschreiben sie eine solche Art des Kickoffs als „unverzichtbar". Im Anschluss wird der Termin für das nächste Präsenztreffen gegeben und alle in die Selbstlernphase entlassen.

1. Themenblock Ernährungspyramide

Der erste große Themenblock soll Grundlagen zu einer gesunden Ernährung vermitteln. Dabei steht nicht das alleinige Wissen im Vordergrund, sondern die Kompetenz der Schülerinnen und Schüler, sich in Zukunft alleine gesund zu ernähren. Um einen guten Kompetenzerwerb zu gewährleisten ist der erste große Block nach Wissensaufbau, Wissensverarbeitung und Wissenstransfer, wie es auch schon Erpenbeck und Sauter beschrieben (Vgl. Erpenbeck Sauter, Kompetenzentwicklung, 2015, S. 21), konzipiert. Dabei empfehlen sie den Wissensaufbau in der Selbstlernphase durch E-learning oder Youtube Videos zu gestalten. In der Blended Learning Einheit werden die Schülerinnen und Schüler mit einer zusätzlichen Einstiegsfrage beginnen, bei der sie, für sich selbst, ihre Ernährung beurteilen sollen. Darauf folgen, wie empfohlen, zwei Videos zu gesunder Ernährung und der Ernährungspyramide. Für diese Phase ist ein Umfang von zwei Tagen geplant. Auch die nächste Phase der Wissensverarbeitung folgt der Empfehlung von Erpenbeck und Sauter (Vgl. ebd. S.21,23). Parallel zum Wissensaufbau wird wieder mit einer zusätzlichen Einstiegsfrage gestartet. Hierbei wird

nach bemerkten Auswirkungen von Ernährung bei den Schülerinnen und Schülern ge-
fragt. Auf diese Frage folgen zwei Einzelaufgaben, die, wie nach obiger Empfehlung,
Übungen sind, in denen die Teilnehmenden Ernährungsbeispiele in gut, mittel oder
schlecht einordnen sollen und zu Schüleraussagen in Bezug zu ihrer Ernährung Stel-
lung beziehen sollen. Geplant für diesen Arbeitsaufwand sind erneut zwei Tage. Nach
erfolgter Wissensverarbeitung folgt der Wissenstransfer. Dieser ist in zwei Teile ge-
teilt. Im ersten Teil findet eine Partnerarbeit statt. Hierbei sollen zu zweit die Ergebnisse der zuvor bearbeiteten Aufgaben besprochen werden. In den folgenden Partner-
arbeitsaufgaben wird ein Ernährungsplan für drei Tage erstellt und mit dem Men-
tor/Coach besprochen. Eine solche zwischenzeitlich mögliche Rückmeldung durch die
Lehrperson beschreiben Erpenbeck und Sauter als „besonders effizient" (Vgl. ebd.
S.33). Für diese drei Aufgaben sind fünf Tage eingeplant. Im zweiten Teil wechselt die
Sozialform von einer Partnerarbeit hin zur Gruppenarbeit in Vierergruppen. Dabei be-
sprechen die Schülerinnen und Schüler ihre ausgearbeiteten Ernährungspläne und sollen sich zusammen für einen entscheiden und diesen mit den Eltern umsetzen/befol-
gen. Solche Transferaufgaben halten auch Erpenbeck und Sauter wichtig, für eine er-
folgreiche Kompetenzbildung (Vgl. ebd. S. 21). Für die Gruppenarbeit und das Befol-
gen des gewählten Ernährungsplanes stehen 6 Tage zur Verfügung.

Zum Abschluss des Themenblocks findet ein Wechsel von der Online- in die Präse-
zsveranstaltung statt. In diesem Präsenzworkshop sollen die Ernährungspläne in 60
Minuten präsentiert werden und es soll Feedback von Teilnehmenden und Men-
tor/Coach gegeben werden. In den nächsten 60 Minuten findet eine 30-minütige Eva-
luierung der Selbstlernphase durch die Teilnehmenden statt und abgeschlossen wird
der erste Themenblock mit einer Kleingruppenarbeit, einem Spiel und einem Ausblick
auf den zweiten Themenblock.

2. Themenblock saisonale und regionale Ernährung

Der zweite Themenblock zur saisonalen und regionalen Ernährung baut trotz Spezifi-
tät des Themas genauso wie der erste nach Erpenbecks und Sautners Empfehlung (Vgl.
ebd. S. 21) in Wissensaufbau, Wissensverarbeitung und Wissenstransfer auf. Dabei
startet der Block des Wissenaufbaus mit einer Trennung der saisonalen und regionalen
Anteile. Mit dieser Trennung im Hinterkopf sollen die Schülerinnen und Schüler sich
ein Video zu saisonaler und regionaler Ernährung ansehen und darauffolgend noch

Eigenrecherche anstellen. Zum Abschluss sollen sie mit den gewonnenen Erkenntnissen noch mögliche Beispiele zu den beiden Kategorien aufschreiben. Für diesen Wissensaufbau sind drei Tage eingeplant. Der Block der Wissensverarbeitung startet mit einer Frage, die erneut einen Lebensweltbezug für die Teilnehmenden darstellt. Diese sollen notieren, ob sie sich nach saisonaler und regionaler Ernährung in irgendeiner Weise ernähren. Danach sollen in Einzelarbeit die Beispiele zu jeweils saisonaler Ernährung und regionaler Ernährung eingeordnet werden und diese Einordnung begründet werden. Für diese Phase sind 4 Tage eingeplant. Anders als in der ersten Selbstlernphase gibt es in der Wissenstransferphase dieses Themenblocks keine Partnerarbeit, sondern es wird direkt in die Sozialform der Gruppenarbeit zu viert gewechselt. In diesen Gruppen sollen sich die Teilnehmenden zunächst über ihre Ergebnisse austauschen und diese sichern und im Anschluss soll mit der Gruppe Kalender für den saisonalen Ernährungsaspekt und eine Karte für ein gewünschtes Gebiet für den regionalen Ernährungsaspekt angefertigt werden. Ist dies erledigt, geschieht noch eine kurze Absicherung durch den Coach/Mentor und die Schülerinnen und Schüler bereiten sich auf die Präsentation im folgenden Workshop vor. Für dieses Vorgehen sind 6 Tage eingeplant, da eine solche Erstellung von Karten und Kalender viel Zeit in Anspruch nehmen kann.

Nachdem die Arbeitszeit für den Wissenstransfer abgelaufen ist, folgt der zweite Präsenzworkshop der Blended Learning Einheit mit einer Zeitspanne von 150 Minuten. Hier wird wie im ersten Workshop mit einer Präsentation, jeweils einer Karte und/oder einem Kalender pro Gruppe angefangen. Auch hierzu erhalten die Schülerinnen und Schüler erneut Feedback von den anderen Teilnehmenden und dem Mentor/Coach. Hierfür sind 90 Minuten eingeplant. In der folgenden Stunde findet eine 30-minütige Reflexion über die Selbstlernphase, in der vor allem die Teilnehmenden Feedback an den Mentor/Coach richten können und die letzten 30 Minuten schließen den zweiten Workshop durch eine Abschlussfrage zur Zukunftsaussicht von saisonaler und regionaler Ernährung der Schülerinnen und Schüler und einem Verteilen von Rezepten, welche zur aktuellen Jahreszeit und Region passen, um den Erfolg über das Ende der Zeit der Einheit hinweg zu sichern.

Abschluss

Der Abschluss und somit die letzte Etappe der Blended Learning Einheit findet erneut Online statt. Sind alle im Meeting eingetroffen, sollten die Teilnehmenden sich über das nebenbei geführte Trinktagebuch austauschen und ihre Ergebnisse beurteilen. Hierzu ist es hilfreich, wenn jeder dieses auch wahrheitsgemäß geführt und beantwortet hat. Ist dieser Teil abgeschlossen, erhält jeder nochmal die Chance Fragen zu stellen, welche noch übriggeblieben sind. Wenn der Coach/Mentor schließlich auf alle Fragen eingegangen ist, folgt eine umfangreiche Evaluation der gesamten Blended Learning Einheit, bei der möglichst alle Aspekte mit einbezogen werden. In diesem Abschnitt sollen die Schülerinnen und Schüler die gesamte Einheit nochmal in ihrem Kopf wiederholen. Im Anschluss können sie dem Coach/Mentor mitteilen, was ihnen gut gefallen und was ihnen schlecht gefallen hat, was sie überrascht beziehungsweise was sie interessiert hat, was sie mitgenommen haben und welche Tipps sie für die nächste Einheit haben. Dies kann sowohl live direkt im Meeting geschehen oder optional über die Lernplattform in einem Feedbackfeld geschehen. Um einen abschließenden Punkt zu setzen und noch einmal den Gesamttenor aller Teilnehmenden wahrnehmen zu können, kann zusätzlich als letzte Frage die Frage nach einem generellen Erfolg gestellt werden. Dies kann auch anonym geschehen, falls sich manche nicht trauen sollten.

Zusammenfassung und Fazit

„Schule als eine wesentliche Komponente unseres Bildungssystems ist immer wieder Gegenstand von heftigen Kontroversen, wenn es um den Beitrag der neuen Informations- und Kommunikationstechnologien (kurz: digitale Medien) für Bildungsinnovationen geht." (Vgl. Reinmann, G., et al, Münster 2009, S. 1)

Diese Aussage trafen Reinmann et al in ihrer Arbeit. Genauer gesagt beschreiben sie mit dieser Aussage, dass die Schule immer einen großen Anteil haben wird, wenn das Thema moderne Kommunikationsmethoden angesprochen wird, da ein großer Faktor der Schule beziehungsweise des Unterrichts die Vermittlung und dazugehörig die Art und Weise der Vermittlung von Inhalten ist. Schließlich ist es kein Geheimnis, dass Lehrer, Schulen und die Wissenschaften moderne Technologien oft ablehnen und bei den erforschten und altbewährten Methoden bleiben, wie Mandl und Kopp schon schrieben (Vgl. Mandl und Kopp, 2008, S. 4). Genau dieser Fall, wie nützlich und hilfreich moderne Kommunikationswege sein können, jedoch wie weit deutsche

Schulen und Universitäten damit zurückliegen, hat sich beispielsweise während der Coronapandemie gezeigt. Blended Learning bietet für dieses Problem einen effizienten Lösungsansatz, da dieses Konzept den bekannten Präsenzunterricht mit den Onlinelerneinheiten kombiniert. Durch die Abwechslung der beiden Unterrichtsarten und der fast Allgegenwärtigkeit der Lehrperson bildet dieses Prinzip eine Brücke, um viele Probleme der Schule und Universitäten mit der Moderne zu lösen. Weiterhin bieten die Arbeitsplattformen von Blended Learning, wie Moodel, alle und weitere Funktionen für die Lehrperson, die sich auch im althergebrachten Frontalunterricht finden lassen. Diese Effizienz von digitalen Medien in Verbindung mit Unterricht fasst Martin Wellenreuther in seiner Forschung zu wesentlichen Faktoren für Unterricht zusammen. Dabei nennt er folgende Aufgaben für ein gutes Klassenmanagement durch die Aussage:

„Modernes Klassenmanagement ist multidimensional. Die vielfältigen Aufgaben lassen sich grob in vorausplanende, proaktive, aktive bzw. reaktive Handlungen im Unterricht und nachsorgende Handlungen oder Maßnahmen aufteilen." (Vgl. Wellenreuther, S. 45)

All die benannten Aufgaben/Faktoren lassen sich durch eine Blended Learning Einheit realisieren, da diese alle Eigenschaften bietet, die man benötigt. Jedoch muss auch gesagt werde, dass eine solche Einheit nur erfolgreich durchgeführt werden kann, wenn alle Beteiligten über ein fähiges Gerät und das Wissen dazu verfügen und auch Thema sich für eine solche Einheit eignet. Bezüglich des Themas gesunder Ernährung wurde gezeigt, dass eine solche Durchführung durchaus möglich ist. Das erstellte Konzept für eine solche Einheit bietet eine Varietät an Aufgaben aller nötigen Bereiche, welche über verschiedene Medienformen und Sozialformen vermittelt und bearbeitet werden können und ermöglicht somit eine hohe Erfolgschance auf das Ziel, einer guten Kompetenzentwicklung zum Thema gesunder Ernährung. Insgesamt kann man sagen, dass ein Blended Learning Ansatz zum Thema gesunde Ernährung eine vielversprechende Methode ist, um Lernenden die Möglichkeit zu geben, in ihrer eigenen Geschwindigkeit zu lernen und ihr Wissen aktiv anzuwenden und zu reflektieren.

Literaturangaben

Borgert, S.: Kick-Off: Ziel, Beteiligte, Inhalt und Ablauf. In: Holistisches Projektmanagement. Springer, Berlin, Heidelberg. (2012)

https://doi.org/10.1007/978-3-642-25702-5_1 (20.03.2023)

Erpenbeck, J., Sauter, S. u. Sauter, W.: E-Learning und Blended Learning. Selbstgesteuerte Lernprozesse zum Wissensaufbau und zur Qualifizierung. Berlin: Springer Gabler. 2015, S.29-31

Erpenbeck, J., Sauter, W.: Kompetenzentwicklung. In: Wissen, Werte und Kompetenzen in der Mitarbeiterentwicklung. essentials. Springer Gabler, Wiesbaden, 2015

https://doi.org/10.1007/978-3-658-09954-1_2 (20.03.2023)

Kuhlmann, A. M. u. Sauter, W.: Innovative Lernsysteme. Kompetenzentwicklung mit Blended Learning und Social Software. Hamburg: Springer Verlag. 2008

Mandl, H. & Kopp, B.: Blended Learning: Forschungsfragen und Perspektiven (Forschungsbericht Nr. 182). München: Ludwig-Maximilians-Universität, Department Psychologie, Institut für Pädagogische Psychologie. 2008

Oliver, M., Trigwell, K: Can 'Blended Learning' be redeemed? In: E-Learning, 2(1). 2005, S.17-26

Reinmann, G., et al: Lehrerfortbildung im Fokus von Evaluation und Qualitätsentwicklung: Ergebnisse aus dem Programm Intel® Lehren für die Zukunft und Implikationen für die Praxis. In: Monsenstein und Vannerdat, Münster, 2009.

Schader, C., et al: Ökologischer Landbau und regionale Wertschöpfung: Ein Beitrag zur nachhaltigen Entwicklung. Schweizerische Zeitschrift für Forstwesen, 166(3), 2015, S. 149-156

Vahlensieck, W: Ernährung und Gesundheit: Ein Handbuch. Springer-Verlag. 2008

Wellenreuther, M.: Handwerkszeug für erfolgreichen Unterricht. In: *Friedrich Jahresheft* 27; 2009, S. 45-47

Reflexion des Projektes

Wenn ich an das Projekt denke, bin ich sehr zufrieden, mit dem was wir geschaffen haben. Abgesehen davon, ob sich das Projekt in der Praxis bewähren würde, dafür müsste es ausprobiert werden, ist die Theorie und die Ideen interessant, gut und glaubwürdig. Für meine Person selbst muss ich sagen finde ich das Blended Learning Konzept sehr effizient, da es sowohl für die Schülerinnen und Schüler interessant sein kann, als auch für mich als Lehrperson. Da ich keine Person bin, die im späteren Lehrberuf auf den alten Methoden beruhen will, sondern gerne mich mit neuen Art und Weisen zur Wissens- und Kompetenzvermittlung beschäftige, ist dies ein erster guter Ansatz für mich und vielleicht auch andere. Durch die Art und Weise dieses Modells, die alten Unterrichtsmethoden mit neuen modernen Methoden zu verknüpfen kann es schließlich auch möglich sein, zukünftige Kollegen und Kolleginnen, die auf den alten Methoden beruhen, von dieser Methode zu überzeugen und darüber hinaus vielleicht noch von weiteren Methoden, die sie vorher ausgeschlossen hätten.

Um das Projekt an sich zu reflektieren, kann ich sagen, dass ich, sobald mir das Thema durch meine Kommilitonen und Kommilitoninnen mitgeteilt wurde, zahlreiche Ideen im Kopf hatte, da das Thema zum einen sehr vielseitig ist, zum anderen aber auch, da ich ein sehr kreativer Mensch bin. Meine erste Idee, bevor der Festlegung der Klassenstufe, war die gemeinsame Erstellung eines Online-Kochbuches mit allen möglichen Informationen in der Blended Learning Einheit. Nach der anschließenden Besprechung mit meinen Gruppenmitgliedern einigten wir uns auf drei Themenblöcke, welche mehr auf das Vermitteln im Unterricht und wichtigen Inhalte gesunder Ernährung ausgerichtet waren. Jeder von uns wählte einen aus und wir begannen an unseren individuellen Ideen zu arbeiten. Dies stellte sich als sehr schlau heraus, da durch die Individualität und möglicher Absprachen mit den Gruppenmitgliedern, jeder eine zu seinem Thema passende Blended Learning Einheit kreieren konnte und diese Einzelteile im Anschluss nur noch zusammengesetzt werden und einen Feinschliff erhalten mussten. Nachdem wir uns zusammengesetzt hatten und die Einheit zu einem runden Objekt geformt hatten, einigten wir uns darauf, dass jeder selbst seinen Teil vorstellt, da man die Theorie dahinter kennt. Zusammengefasst kann ich sagen, dass ich das Seminar, die Projektarbeit und das Konzept als sehr gelungen und erfolgversprechend sehe und mir vorstellen kann, es später in meinen Unterricht einzubauen.

Modulbezug

Zu den Vorlesungsinhalten der B3-Vorlesung gehören auch die Oberthemen digitale Medien und Medienkompetenz. Trotz dieser Vermittlung der Wichtigkeit digitaler Medien in vielen Seminaren und auch Fortbildungen bei Lehrkräften, lässt die tatsächliche Anwendung dieser Möglichkeiten in Schulen zu wünschen übrig. Jedoch ist eine regelmäßige digitale Mediennutzung im Unterricht für Schülerinnen und Schüler und die Lehrperson mit Ausblick auf die Zukunft geradezu unerlässlich. Die Welt entwickelt sich immer mehr in das digitale Zeitalter und so müssen sich auch die Menschen mitentwickeln. Eine Disziplin, die sich mit solchen Problemen, Grenzen und Möglichkeiten beschäftigt, ist die Medienpädagogik. Die Medienpädagogik beschäftigt als wissenschaftliche Disziplin, nach Süss, Lampert und Wijnen, mit den Möglichkeiten und Grenzen die Medienkompetenz bei Heranwachsenden zu fördern. Hierbei liegt der Fokus vor allem auf Kindern und Jugendlichen. Baacke definiert zusätzlich mit diesem Fokus vier Dimensionen der Medienkompetenz. Dabei nennt er die Medienkritik, Medienkunde, Mediennutzung und die Mediengestaltung als erforderliche Dimensionen für eine gute Medienkompetenz bei Schülerinnen und Schülern. Das Blended Learning Konzept ist dafür eine sehr gute Möglichkeit. Zum einen kombiniert es Frontalunterricht mit modernen Online-Lehrmethoden, zum anderen lassen sich alle eben genannten Dimensionen in dieses Konzept einbauen. Auch in dem konzipierten Blended Learning Einheit zur gesunden Ernährung lassen sich viele Dimensionen wiederfinden. Die Medienkritik wird durch die Eigenrecherche abgedeckt, bei der die Schülerinnen und Schüler beispielsweise Informationen zur regionalen und saisonalen Ernährung erarbeiten sollen und dabei auf die Qualität der Informationen achten müssen. Die Medienkunde wird durch die generelle Mediennutzung in den Onlineeinheiten realisiert, wenn die Teilnehmenden sich über Moodel treffen sollen oder etwas recherchieren müssen. Der Mediennutzungsaspekt lässt sich in der Produktion von Präsentationen wiederfinden und der Mediengestaltungsaspekt nimmt durch die Gestaltung der Präsentationen zusätzlich seinen Anteil. Zusammengefasst kann ein Blended Learning Konzept und in diesem Fall das konzipierte Blended Learning Konzept zur gesunden Ernährung nicht nur ein Modell sein, das zur Wissensvermittlung dient, sondern auch um effektiv Kompetenzen im Umgang mit Medien zu vermitteln.